LE TRÉSOR DES ENFANTS

LA

TEINTURE DÉVOILÉE

OU

LE TRÉSOR DES FAMILLES

PAR

Gilbert-Joseph-Alfred BOURRASSET,

TEINTURIER-CHIMISTE.

Prix : 1 franc 50 c.

PARIS,

IMPRIMERIE ADMINISTRATIVE DE PAUL DUPONT,

Rue de Grenelle-Saint-Honoré, 45.

1861.

AVANT-PROPOS.

La teinture est un des arts des plus utiles pour tous.

La nature nous offre les tissus blancs ou écrus, et pour les rendre serviables, en varier les goûts, il faut le secours de la teinture.

Le détachage ou nettoyage des tissus, n'en mérite pas moins : par l'un de ces deux moyens, on conserve ses objets dans une pureté sans égale, ce qui fait que, outre la propreté de sa toilette, la santé profite de ces bienfaits.

La ménagère, en ville comme en campagne, peut, par le secours de cette brochure, teindre, nettoyer, apprêter ou blanchir tous les tissus, sans peine et sans frais, les varier à l'infini, en nuances, belles, vives et solides ;

Le moyen de blanchir soi-même les flanelles de santé, les couvertures de laine ou coton, les blondes et dentelles ainsi que le linge de table ;

Et de teindre les rubans de soie, enfin toutes espèces de soieries, comme robes, châles, voile, bas, etc., etc.,

Et de nettoyer et teindre les gants de peaux ;

De teindre les cachemires, mérinos, mousselines de laine, stofs ou pékins et autres ;

Le fil et le coton dans toutes les nuances désirables ;

La soie végétale ou le crin d'aloës ;

La teinture de l'ivoire, l'os, la plume, la paille, le

crin, le bois, en un mot toutes les matières végétales ou animales, et ce, sans altération d'aucune de ces matières:

, Et aussi le moyen d'éviter que la mite ne s'insinue dans les fourrures et les tissus.

La chimie, art sérieux, a mis [au jour des moyens si beaux et si simples, qu'un enfant de huit ans peut lui-même mettre dans l'eau chaude quelques gouttes des drogues ou colorants démontrés par cette brochure, et en obtenir des résultats surprenant en beauté et en solidité.

Enfin l'acquéreur de cette brochure pourra dire avec franchise : je suis heureux de posséder un trésor semblable dans ma maison; je teins moi-même tous mes tissus et objets appliqués aux arts; je nettoie mes vêtements, mes fourrures, mes soieries et mes chapeaux à bien peu de frais, et je suis certain que rien n'est brûlé ni détérioré par les acides.

Par cette brochure, on n'a pas à subir le caprice d'un teinturier négligent, les articles sont toujours prêts à volonté dès l'instant qu'on les traite soi-même.

Tel que je le dis ci-dessus, tous les tissus, sans exception, viennent naturellement blancs ou écrus; à cet effet, je vais donner quelques mots sur la préparation ou décruage des tissus disposés à recevoir la teinture.

LA
TEINTURE DÉVOILÉE

ou

LE TRÉSOR DES FAMILLES.

La soie, matière animale, se prépare comme il suit :

Il faut pour décruer la soie neuve la faire bouillir dans des sacs propres, avec 125 grammes de savon blanc de Marseille par 500 grammes de soie; l'ébullition doit durer six heures; avoir soin de retourner la soie, afin qu'elle ne porte pas contre le vase, puis la retirer du sac, la laver soigneusement afin qu'il ne reste pas de savon, la passer de nouveau dans une eau pure et chaude, à 70 degrès; vous y mettez, mêlé dans une partie d'eau froide, 25 grammes d'acide sulfurique par 500 grammes de soie, ensuite la passer sur ce bain pendant 10 minutes, puis la laver avec soin; par ce moyen, la soie sera préparée pour recevoir toutes les couleurs qu'on veut donner.

Rose sur soie.

Il y a différents roses et différentes manières de les faire. Ainsi, le rose ordinaire ne se fait pas par le même moyen du rose ou groseille des Alpes, ainsi que des roses pourpres anglais ou français. Voici la description des différents roses, car sur les rubans on aime la variation et le changement des couleurs, selon les goûts.

Préparation des vieilles soies à la teinture.

Les rubans ou vieilles soies, pour les disposer à la teinture, il faut les savonner à froid avec un bain de savon bien gras; on les

brosse à plat sur une planche, afin de ne pas casser le tissu, puis
dans un bain de savon gras, on les laisse dans un état d'ébullition
pendant une demi-heure sans bouillir ; on les lève et les lave de
plusieurs eaux, et les passe dans une eau propre que l'on a additionnée, selon la quantité de soie, de quelques gouttes d'acide sulfurique, lequel enlève les impuretés de la soie et les couleurs pri-
mitives ; ainsi, pour l'acide, on peut mettre quatre gouttes d'acide
dans un demi-litre d'eau par mètre de ruban ; puis on les teint
comme il est dit ci-dessus.

Rose des Alpes sur soie.

Lorsque les rubans sont préparés comme ci-dessus, pour obtenir
le rose des Alpes, il faut mettre pour deux mètres de ruban, dans un
demi-litre d'eau bouillante, trois gouttes de pourpre anglais ou de
la fluxine, remuer la composition afin d'unir la nuance ; il faut
la laisser dix minutes, puis la lever et mettre sécher ; si la quantité est plus forte, on augmente les proportions d'eau et de pourpre ou de fluxine.

Rose de Chine sur soie.

Le rose de Chine s'opère en faisant dissoudre cinq grammes de
cochenille ammoniacale par mètre de ruban dans un demi-litre
d'eau bouillante, un gramme de crème de tartre, puis une goutte
d'acide sulfurique, additionnée d'une partie d'eau froide pour le
mettre dans l'eau bouillante, afin d'éviter qu'il ne vous saute
après ; vous laisserez monter votre nuance un quart d'heure : puis
laver et sécher.

Rose ordinaire sur soie.

Faites votre rose de cette manière : dans un bain d'eau tiède y
mettre, pour un mètre de ruban, quatre gouttes de carmin de safranum, avec un gramme d'acide tartrique ; on obtient en ajoutant du plus ou moins le clair ou foncé, suivant son désir ; faire
sécher sans laver.

Rose vineux sur soie.

Dans de l'eau tiède mettre, pour deux mètres de ruban, cinq
grammes de cochenille ammoniacale, un gramme de carmin d'in-

digo et une goutte d'acide sulfurique, ensuite faire sécher sans laver.

Groseille des Alpes sur soie.

La couleur groseille des Alpes se fait par la fluxine : pour un mètre de ruban, six gouttes de fluxine dans un demi-litre d'eau bouillante, et bien propre ; jeter les rubans dedans, les remuer avec un petit bâton pour les unir, les laisser un quart d'heure, les laver et les sécher.

Le cramoisi et le dahlia se font aussi par la fluxine et l'eau chaude.

Groseille ordinaire sur soie.

Dans un bain d'eau bouillante mettez gros comme une noix d'orseille d'herbe, faites-la dissoudre, mettez-y une goutte d'acide sulfurique, puis passez vos rubans dans ce bain un quart d'heure, levez-les, lavez ; puis sur un second bain d'eau tiède, dans lequel vous avez mis deux grammes de carbonate de soude, vous y passez votre ruban, qui devient groseille de toute beauté : vous séchez ou repassez sans laver.

Bleu de ciel sur soie.

Le bleu de ciel sur soie se fait dans un bain d'eau tiède ; un demi-litre pour un mètre de ruban, un demi-gramme de carmin d'indigo, deux gouttes d'acide sulfurique, bien les ouvrir dans ce bain pendant 10 minutes, puis les laver, sécher ou repasser.

Bleu de Chine sur soie.

Le bleu de Chine se fait comme le bleu de ciel, sauf qu'il faut y ajouter deux gouttes par mètre de cochenille ammoniacale : sécher sans laver.

Mauve bon teint sur soie.

Lorsque sont préparés vos rubans à recevoir la teinture, faites un bain d'un demi-litre d'eau tiède pour un mètre de ruban, puis mettez-y quatre gouttes d'anneline, remuez bien le bain, puis mettez-y vos rubans un quart d'heure ; si l'anneline n'est pas bien préparée, vous la dissoudrez avec de l'alcool ou de l'acide acétique, puis lavez et séchez. Si vous voulez plus foncé, mettez-y plus d'anneline.

Lilas sur soie.

Pour le lilas sur soie, faites comme pour les mauves, et ajoutez-y un peu de carmin d'indigo délayé dans de l'eau : séparez et tirez au clair.

Violet bon teint sur soie.

Bain d'eau chaude pour un mètre de ruban, un demi-litre, y ajouter anneline dix gouttes, carmin d'indigo au fur et à mesure que la nuance monte, selon le goût et la volonté ; puis quatre gouttes d'acide acétique : sécher sans laver ou repasser.

Violet petit teint et vif sur soie.

Dans un bain d'eau bouillante, un demi-litre par mètre de ruban, mettez-y gros comme une noix d'orseille d'herbe, avec deux gouttes d'acide sulfurique, puis la contenance d'un petit verre à cognac de carmin d'indigo tiré au clair ; passez sur le bain vos rubans un quart d'heure, le plus chaud possible ; ils viennent couleur feuille morte ; lavez-les, puis passez-les sur un second bain froid, dans lequel vous mettez un gramme de carbonate de soude ; vous les passez sur ce bain jusqu'à ce que le violet se soit complétement dépouillé ; il faut, sans les laver, les sécher dans un linge propre et les repasser de suite : ils sont de toute beauté.

Moyen d'apprêter les rubans teints ou nettoyés.

Lorsque vos rubans sont teints, vous les passez dans un bain froid d'eau de gomme arabique, puis, lorsqu'ils en sont bien imbibés, vous les pressez dans vos mains, ensuite vous les ouvrez et les étendez sur un linge propre ; vous finissez d'absorber l'eau qu'ils contiennent, et vous les repassez à l'envers avec des fers chauds à propos. Alors vous aurez des rubans de toute beauté.

Toutes les soies s'apprêtent par ce même moyen, en les repassant à droit fil et à l'envers.

Bleu de France sur soie.

Le bleu de France se traite comme il suit : faites un bain dans lequel vous mettez : 1° pour 500 grammes de soie, 64 grammes de sel d'étain que vous faites dissoudre dans le même poids d'acide sulfurique ; étant fondu, formant un lait, vous le mettez dans votre bain d'eau tiède, puis vous y ajoutez 100 grammes de rouille préparée comme il est dit ci-contre ; puis vous passez vos soies sur ce bain un quart-d'heure, vous les lavez et vous les éventez à l'air ; ensuite vous les lavez à fond, afin de dégager la rouille, et les plongez dans un second bain préparé à cet effet.

Deuxième bain : faites dissoudre dans ce bain 80 grammes de prussiate de potasse bien fondu et 64 grammes d'acide sulfurique ; remuez bien le bain, puis passez vos soies dessus un quart d'heure ; levez-les, et, sans les laver, repassez-les sur le premier bain un quart d'heure ; levez-les, lavez-les et rabattez sur le second bain un quart d'heure, puis levez et repassez comme ci-devant sur les bains, et l'opération est terminée : laissez aérer, lavez et puis séchez. Vous aurez le vrai bleu de France plus ou moins foncé, selon votre volonté, en augmentant de la rouille sur l'un et du prussiate sur l'autre des deux bains.

Moyen de préparer la rouille.

Pour 500 grammes d'acide nitrique, faites dissoudre progressivement 96 grammes de fer laminé : votre rouille doit venir couleur fil d'or et grasse ; laissez-la refroidir avant de l'employer : la dissolution se fait dans un vase ouvert et à froid.

Blanc sur soie.

Lorsque vos soies sont décruées, bien lavées, puis touchées d'acide comme le démontre l'article du décruage, vous mettez vos soies dans un soufroir, ou vous faites brûler du soufre ; cette vapeur mange les impuretés qui règnent dans la soie et la blanchit à fond. Vous les y laissez une nuit entière à cette vapeur ; puis, dans un bain d'eau de puits, vous les piquez d'acide sulfurique, vous les sortez et les lavez sur une eau de puits ; après ce lavage dans un bain d'eau bien pure, vous y mettez un peu de bleu, de carmin et un peu de cochenille ammoniacale ; selon le blanc que vous désirez, vous mettrez plus ou moins de l'un ou de l'autre.

Il y a deux cents blancs différents; ils se traitent de la même manière, sauf la variation des trois colorants primitifs, qui sont le rouge, le bleu et le jaune.

Vert sur soie.

Vos soies disposées à la teinture, vous les passez sur un bain très-faible de carmin d'indigo, avec quelques gouttes d'acide sulfurique. Ainsi, pour cinq mètres de ruban, cinq grammes de carmin dans deux litres d'eau tiède et trois gouttes d'acide; lorsque votre bleu est tiré à fond et bien uni, dans un second vase où vous aurez préparé un bain d'acide picrique très-fort, une goutte d'acide sulfurique, et, le bain étant chaud, vous passez vos rubans dessus : vous obtenez sur-le-champ le vert que vous désirez. Si vous le voulez plus foncé, vous le foncerez en bleu primitivement et vous augmenterez la force de votre picrique; puis vous le lavez sur un bain d'eau froide, dans laquelle vous additionnerez une ou deux gouttes d'acide sulfurique, puis séchez et repassez de suite.

Vert grand teint sur soie.

Vous alunez vos soies dans un bain d'alun, piquant à la langue et tiède; vous les enfoncez de manière à ce qu'elles ne veillent pas : les parties qui veillent sont susceptibles de s'oxygéner par l'air et de devenir noires en teignant; vous les laissez dans ce bain trois heures, puis vous les levez et les passez sur un bain de jus de gaude bouillie; lorsque cette gaude est épuisée ou tirée, vous faites un second bain, et lorsque vos soies sont d'un beau jaune, qu'elles ont absorbé le colorant de ce second bain, vous les passez sur un bain tiède dans lequel vous mettez un peu d'alun et du carmin d'indigo, à proportion de la nuance que vous voulez obtenir, puis rafraîchir sur une eau et faire sécher.

Vert-Isly, de mer, d'eau, anglais, pomme, émeraude, pré, myrte, cul de bouteille.

Tous ces verts se traitent comme ci-dessus, par l'un ou l'autre des deux moyens, sauf la variation en plus ou en moins de l'un ou de l'autre des deux colorants.

Bronze sur soie.

Les bronzes sur soie se font comme les verts, sauf que l'on y additionne, selon l'échantillon, dans un bain de gaude, une poignée d'orseille, ou, à défaut, un peu de bois d'Inde bouilli, puis moins de bleu qu'avant : ensuite laver et sécher.

Les acanthes, les verts merde-d'oie, les feuilles-mortes, les olives et les mousses se font comme les bronzes; il suffit de varier ces trois colorants du plus ou moins de l'un ou de l'autre; c'est-à-dire qu'il faut plus de rouge dans la couleur feuilles-mortes que dans l'olive, et qu'il faut plus de jaune et de bleu dans l'olive que dans la mousse, et ainsi de suite.

Jaune sur soie.

Il y a différents jaunes : le jaune jaune, le jonquille, le bouton-d'or, le jaune canari, le jaune orange, etc.

Le jaune jaune sur soie.

Faites dissoudre de l'acide picrique dans de l'eau bouillante, passez vos soies dessus, lavez-les et ajoutez une goutte d'acide sulfurique, laquelle tend à faire tirer le reste du jaune et le ravive; ensuite lavez et séchez.

Bouton-d'or sur soie.

De même que pour le jaune ci-dessus, sauf qu'il faut y ajouter une petite quantité de cochenille ammoniacale.

Paille sur soie.

Une goutte d'acide picrique et une goutte de cochenille ammoniacale dans un bain d'eau tiède par mètre de ruban.

Jaune canari.

Faites un bain d'eau chaude, puis acide picrique et une larme acide sulfurique ; on met de l'un et de l'autre selon la quantité de soie.

Orange sur soie.

Pour cinq mètres de ruban ou un foulard, faites un bain d'eau bouillante dans lequel vous mettez 32 grammes d'acide nitrique;

passez vos soies sur ce bain jusqu'à ce que votre soie soit jaune clair; sortez vos soies, lavez-les de suite, puis, sur un bain d'eau tiède, faites fondre gros comme une petite noix du carbonate de soude, passez vos soies sur ce bain, votre orange montera à merveille.

Marron riche sur soie.

Faites bouillir du roucou ; lorsqu'il est chaud, piquant à la main, vous passez vos soies dessus ce bain, qui vous donne un fort fond de jaune ; vous lavez, puis, sur un second bain froid dans lequel vous mettez de la rouille, vous laissez tremper vos soies trois heures, ensuite les lever et les laver. Puis, sur un bain eau tiède vous montez votre marron en y ajoutant de l'orseille et un peu de carmin d'indigo, selon l'échantillon désiré.

Proportion pour une robe de soie.

Premier bain roucou.........	125 grammes.	
Deuxième bain rouille........	125	—
Troisième bain orseille.......	250	—
Carmin d'indigo.............	25	—

Oreille-d'ours sur soie.

Cette nuance se fait comme le marron, le hanneton et autres; vous l'obtenez en forçant en fond de jaune et moins d'orseille.

Grenat sur soie.

Alunez vos soies dans un bain d'alun piquant à la langue et tiède, pendant deux heures, puis lavez-les, faites un second bain de jus de bois de Brésil, puis, lorsque ce bain est épuisé, ajoutez-y de l'orseille, vous aurez un beau grenat. Vous obtenez toutes les nuances de grenat en mettant du plus ou moins de l'un ou de l'autre des deux colorants.

Proportion pour une robe de soie.

Premier bain alun.......	125 grammes.	
Deuxième bain brésil cuit.	500 —	valeur 10 litres.
Troisième bain orseille...	125 —	

Lavez et séchez.

On doit en toute circonstance proportionner son volume d'eau selon la quantité et le volume des tissus.

Lord-Byron sur soie.

Cette nuance se fait comme le grenat, sauf qu'il faut remplacer l'orseille par le bois d'Inde cuit, à égale proportion du bois de Brésil.

Raisin-de-Corinthe sur soie.

Le raisin-de-Corinthe se traite comme le grenat, seulement on y ajoute une proportion de bois de fustet bouilli. Variez vos colorants selon la nuance que vous désirez.

Prune sur soie.

Premier bain d'alun comme mordant.

Deuxième bain à part, bois d'Inde et carmin d'indigo dans de l'eau tiède.

Même proportion que pour les autres couleurs. Ensuite, laver et sécher.

Ponceau fin sur soie.

Donnez à votre soie un petit fond léger de roucou, environ couleur chair, puis lavez et piquez légèrement d'acide sulfurique.

Lavez, et sur un bain d'eau tiède montez votre ponceau avec du carmin de safranum additionné d'un peu d'acide tartrique. Lorsque votre nuance sera arrivée à sa hauteur, vous l'aviverez avec quelques gouttes de jus de citron ou d'acide acétique, puis séchez sans laver.

Capucine sur soie.

Cette couleur se fait comme le ponceau, sauf qu'il faut plus de roucou et moins de carmin.

Gris sur soie.

Il y a deux cents nuances de gris, elles se font toutes de la même manière, sauf la variation des colorants, du plus ou moins de l'un ou de l'autre. Les colorants sont : la cochenille ammoniacale, le carmin d'indigo et l'acide picrique. Ainsi, pour faire un

gris d'argent, dans un bain d'eau tiède et très-propre vous mettez
quelques gouttes d'acide acétique, plus deux gouttes carmin d'indigo et quatre gouttes de cochenille ammoniacale par mètre de
ruban. Sécher sans laver.

Pour le gris-perle, vous triplez vos colorants, alors vous l'obtenez; en mettant plus de bleu, vous faites un gris deuil.

Les gris-lapis, gris-souris, gris-plomb, gris de fer, gris de
lin, gris cendré, etc., etc., se font comme ci-dessus, en addi-
tionnant plus ou moins du rouge, du bleu ou du jaune, sans oublier l'acide acétique pour mordant; il est préférable de mettre
ces colorants progressivement que d'en mettre trop d'un coup, ce
qui pourrait occasionner de manquer votre nuance. En mettant
doucement au fur et à mesure, vous voyez venir votre nuance, et
vous êtes à même d'apprécier l'un des colorants qui peut manquer pour arriver à votre échantillon.

Je ne détermine pas de quantité fixe, parce que ces nuances se
font d'après le goût et le coup d'œil, selon la quantité des soies.
Les sécher sans les laver.

Couleur chair sur soie.

Passez vos soies sur un bain léger de roucou, puis lavez-les,
piquez-les d'acide sulfurique, puis laver et sécher.

Noir sur soie.

Mettez vos soies tremper une nuit dans un bain d'eau dans
lequel vous avez mis, pour une robe de soie, un litre de rouille,
puis levez et lavez à fond, et dans un bain de jus de bois jaune
chaud vous mettez autant de jus de bois d'Inde et vous y faites
fondre gros comme une noix de sulfate de cuivre; remuez le tout
et passez vos soies deux heures dessus : vous aurez un beau noir.
Les bains doivent être proportionnés, afin que vos tissus baignent
librement dedans.

Pour les dépouiller, mettez dans un bain d'eau tiède deux ou
trois gouttes d'acide sulfurique, vous les passez sur ce bain
deux secondes, puis les lavez; il ne faut pas trop mettre d'acide,
car vous détruiriez votre noir.

Teinture des lainages, (des cachemires), poil de chèvre, etc.

Blanc sur laine.

Pour obtenir un beau blanc sur laine, il faut la dégraisser dans un bain de carbonate tiède pour le premier bain, et piquant pour le second; sur un troisième bain de savon blanc fondu et chaud vous les passez plusieurs fois, puis les levez, les tordez et les mettez au soufre passer la nuit; le lendemain, vous les sortez, vous les passez sur un bain d'eau froide et propre dans lequel vous avez mis quelques gouttes d'acide sulfurique, puis vous les lavez sur plusieurs eaux de puits autant que possible; sur la dernière eau, vous mettez un peu de carmin d'indigo et quelques gouttes de cochenille ammoniacale : alors vous variez les blancs à votre volonté, selon votre échantillon, puis mettre sécher.

Moyen de soufrer les tissus.

Comme tout le monde n'a pas à sa disposition un soufroir, on peut s'en former un à peu de frais avec une caisse ou un tonneau défoncé; on allume son soufre dans une assiette de terre, on le met, bien pris, au fond du tonneau, puis l'on met ensuite son article sur une traverse de bois propre ; on referme hermétiquement la caisse ou le tonneau, et on obtient un résultat complet. Les articles doivent y passer la nuit. Les couvertures en laine, les bas, caleçons et gilets de flanelle se blanchissent ainsi.

Rose sur laine.

Pour avoir un rose vif, il faut soufrer la laine ; le rose ordinaire se fait sans soufre. Pour l'obtenir, vous mettez, pour 500 grammes de laine, 64 grammes crème de tartre, 125 grammes alun de Rome, puis 84 grammes de cochenille ammoniacale. Vous faites bouillir à petit bouillon votre laine un quart d'heure sur ce bain, puis vous levez, refroidissez, lavez et séchez. Si votre laine a été soufrée, vous pouvez vous dispenser de mettre de l'alun.

Bleu de ciel sur laine.

La laine se teint au bouillon; il faut la dégraisser ou la nettoyer avant et bien la laver, afin de ne pas laisser de savon ou autres matières ammoniacales susceptibles de nuire à la teinture. Pour faire de beaux bleus de ciel, il faut soufrer la laine ; pour les bleus de Chine, c'est inutile. Le bleu de ciel se teint comme il suit. Mettez, pour 500 grammes de laine, 64 grammes crème de tartre, 125 grammes alun de Rome, et du carmin d'indigo selon votre échantillon ; faites bouillir un quart d'heure, puis lever et faire sécher.

Le bleu de Chine se fait de même, sauf qu'il faut y ajouter un peu de cochenille ammoniacale.

Gris sur laine.

Les gris sur laine se font au bouillon, comme le bleu et le rose. Vous les variez à l'infini. Comme mordant, 64 grammes de tartre et 125 grammes d'alun pour 500 grammes de laine ; comme colorant, on emploie la cochenille ou l'orseille, le carmin d'indigo et l'acide picrique ou le bois jaune. En combinant ces trois colorants, soit par deux ou par les trois, du plus au moins, vous obtenez le gris que vous désirez. Exemple : vous désirez un gris gris : vous mettez quelques gouttes d'acide picrique, un peu moins de bleu et un peu plus de cochenille ammoniacale. Vous l'obtenez en dix minutes de bouillon. Voulez-vous un gris-lapis ou un gris-perle : cochenille et bleu seulement, proportionnés au goût et selon votre échantillon. Il en est de même de toutes les autres nuances : du plus ou moins de l'un ou de l'autre des trois colorants. Vous devez reconnaître dans votre échantillon si la nuance contient du jaune ; du reste, vous le reconnaissez en teignant : alors, vous mettez progressivement vos colorants et vous obtenez le résultat désiré.

Vert sur laine.

Faites bouillir une heure vos laines dans un bain d'eau dans lequel vous mettez, pour 500 grammes de laine, 125 grammes d'alun et 64 grammes de crème de tartre, puis vous levez vos laines, et, sur un second bain bouillant, vous teignez vos laines comme il suit : pour le vert clair, bois jaune bouilli et carmin d'indigo, selon l'échantillon ; pour les verts foncés, curcuma ou terra-mérita et composition d'indigo. En augmentant le jaune ou le bleu, vous variez vos verts selon votre volonté, des clairs aux plus foncés.

Acanthe, olive, merde-d'oie, mousse, pistache, feuilles morte, etc., etc.,

Toutes ces nuances se font avec l'orseille, le bleu et le jaune, comme les verts. Avec le plus ou moins de l'un ou de l'autre de ces trois colorants, vous obtenez la nuance désirée, puis levez après une demi-heure de bouillon, lavez et séchez. Ce sont les mêmes quantités de drogues et mêmes mordants que pour les verts : on peut les faire sur le même bain.

Grenat sur laine.

Faites bouillir vos laines une heure et demie dans un bain d'eau propre dans lequel vous avez mis, pour 500 grammes de laine, 125 grammes alun, 64 grammes tartre cristallisé, plus 25 grammes oxyde-muriate d'étain. Levez-les, laissez refroidir vos laines, et sur un bain frais et toujours au bouillon, montez votre grenat à l'orseille ou au bois de Brésil, selon votre volonté et votre échantillon, puis lavez et séchez.

Prunes sur laine.

Bouillez vos laines comme les grenats, puis, sur un bain frais et toujours au bouillon, montez votre prune à l'orseille et au carmin d'indigo.

Toutes ces nuances ne peuvent être proportionnées pour les colorants ; on les met au fur et à mesure que l'on voit qu'il en manque pour arriver à la nuance que l'on se propose d'obtenir.

Biron sur laine.

Bouillez comme ci-dessus, puis, sur un second bain, montez votre nuance au bois de Brésil bouilli et au bois d'Inde ; si vous le voulez plus rouge, vous mettez plus de Brésil ; si vous le voulez plus violeté, vous mettez plus de bois d'Inde ; si votre échantillon est jaunâtre, mettez-y un peu de terra-mérita ou curcuma, lavez et séchez.

Marron sur laine.

Bouillez vos laines comme pour le grenat, puis, sur le même

2

bain, montez vos marrons en y mettant de l'orseille, de la composition d'indigo et du terra-mérita; vous mettez de l'un ou de l'autre
selon le marron que vous désirez. Exemple de proportions : pour
500 grammes de laine, 96 grammes d'orseille, autant de terra-
mérita, et une demie cuillerée à bouche de composition d'indigo ;
si vous voulez un marron rouge, vous mettez plus d'orseille, si
vous le désirez verdâtre, un peu plus de bleu. Enfin, vous variez
vos colorants selon votre volonté, comme pour les autres nuances.

Violet sur laine.

Bouillez vos laines une heure et demie avec 125 grammes d'alun
et 64 grammes de tartre blanc par 500 grammes de laine et
32 grammes d'oxyde muriate d'étain, puis levez, et, sur le même
bain, mettez un litre de bois d'Inde cuit, plus, une cuillerée à
bouche de carmin d'indigo ; remuez bien votre bain, passez vos
laines dessus, passez légèrement, puis levez, lavez et séchez.

Cramoisi sur laine.

Le cramoisi sur laine se fait ainsi : Vous mettez dans un bain d'eau
bouillante 125 grammes de composition d'écarlate, 125 grammes
de crème de tartre, par 500 grammes de laine ; vous y ajoutez
64 grammes de cochenille ammoniacale et 32 grammes de cochenille brute pulvérisée ; vous faites bouillir à petit feu une demi-
heure ; vous levez, et, si votre nuance n'est pas assez foncée, vous
remettez un peu des deux cochenilles, alors vous amenez votre
nuance à votre volonté ; lavez et séchez.

Ponceaux sur laine.

Faites bouillir une demi-heure, sur le bain suivant, pour
500 grammes de laine, 125 grammes de crème de tartre,
96 grammes de composition d'écarlate ; levez, puis ajoutez
96 grammes de cochenille brute pulvérisée ; lorsqu'elle a jeté un
bouillon, vous ajoutez 32 grammes de composition d'écarlate,
puis vous rentrez vos laines. Si votre ponceau n'est pas assez
jaune, levez et ajoutez quelques prises de terra-mérita, puis lavez
et séchez.

Je veux vous donner le moyen de faire la composition vous-mêmes. Pour les cramoisis, les ponceaux, les groseilles, l'orange, les couleurs claires et les jaunes.

Composition écarlate.

Faites dissoudre, dans un pot de grès, 15 grammes de sel marin dans un verre d'eau; lorsqu'il est fondu, mettez dessus 500 grammes d'acide nitrique, 1000 grammes d'eau de rivière, puis faites dissoudre 96 grammes d'étain effilé; vous mettez votre étain en peloton gros comme une noix et ne mettez une boule que lorsque la première est fondue; ainsi de suite. Votre dissolution n'étant pas précipitée devient couleur fil d'or et blanchit comme du lait en l'employant dans l'eau bouillante.

Groseille sur laine.

La groseille sur laine s'opère comme le cramoisi, sauf qu'il faut moitié moins de cochenille qu'à cette nuance.

Orange sur laine.

Bouillez vos laines une demi-heure sur le mordant suivant: pour 500 grammes de laine, 125 grammes crème de tartre, 125 grammes composition d'écarlate, puis levez et mettez dans un sac propre 500 grammes de bois de fustet haché; laissez-lui jeter un bouillon, puis levez votre sac et mettez-y 15 grammes cochenille brute pulvérisée, ensuite rentrez vos laines et faites bouillir vingt minutes; si vous n'avez pas assez de jaune, mettez un peu de curcuma; si vous manquez de rouge, remettez un peu plus de cochenille; lavez vos laines lorsqu'elles sont chaudes, la nuance n'en est que plus vive pour cette couleur.

Jaune-bouton-d'or sur laine.

Cette couleur se fait comme l'orange, seulement il faut moins de rouge.

Jaune-jonquille sur laine.

Le jaune-jonquille sur laine se fait comme l'orange, mais il ne faut pas de cochenille du tout.

Jaune-canari sur laine.

Il faut pour cette nuance moitié fustet, moitié terra et moitié compositions comme pour les autres nuances de jaune dénommées, ci-dessus.

Jaune pourri sur laine.

Ce jaune se fait sur le même bain, il faut bouillir les laines une demi-heure sur un bain composé de 125 grammes d'alun et 64 grammes de tartre blanc, pour 500 grammes de laine, puis vous levez et ajoutez 250 grammes du bois jaune, 32 grammes d'orseille et 64 grammes de curcuma ; bouillez 20 minutes, levez, lavez et puis séchez.

Chair sur laine.

Mettez pour 500 grammes de laine, composition d'écarlate, 64 grammes, crème de tartre 125 grammes, puis 2 prises de cochenille brute pulvérisée ; bouillez un quart d'heure, puis levez et lavez de suite.

Chair de saumon sur laine.

La chair de saumon se fait comme la chair ci-dessus, seulement il faut y ajouter une prise de curcuma, pour lui donner le plein et le ton de jaune qu'elle possède.

Lilas sur laine.

Sur un bain tiède, tamisez de l'orseille, passez vos laines sur ce bain en chauffant au fur et à mesure, mais sans bouillir ; il ne faut pas monter le degré de chaleur plus de 70 degrés centigrades.

Mauve sur laine.

Le mauve se fait comme le lilas, sauf qu'il faut y ajouter un peu de carmin d'indigo ; il n'y a pas de proportion pour les nuances ; on met son orseille et son bleu ; au jugement on voit bien à la teinte de l'eau si le bain est clair ou foncé.

Noisette sur laine.

Alun 125 grammes, crème de tartre 64 grammes, pour 500 grammes de laine, colorant un petit peu d'orseille, peu de bleu et 2 litres de bois jaune cuit. S'il manque de rouge, vous y ajoutez de l'orseille; s'il manque de griser c'est du carmin d'indigo; s'il n'est pas assez plein ajoutez du jaune.

Noir sur laine.

Pour obtenir un beau noir, faites bouillir vos laines une heure sur le bain suivant; pour 500 grammes de laine, 125 grammes de tartre brute, 64 grammes couperose verte, puis levez vos laines et éventez-les, et les lavez à fond; puis, sur un bain frais et bouillant, mettez 125 grammes de bois d'Inde, 64 grammes de bois jaune; lorsqu'il a jeté un bouillon, vous rentrez vos laines sur ce bain et bouillez vingt-cinq minutes, puis levez, éventez et lavez; s'il arrivait qu'il fût un peu rouge, vous les passeriez sur une eau tiède dans laquelle vous mettriez quelques gouttes d'acide sulfurique; passez-les deux ou trois tours de suite, puis lavez à fond, et donnez une eau tiède pour les terminer, ensuite faites sécher.

Bleu de marine sur laine.

Bouillez vos laines sur un bain, dans lequel vous mettez pour 500 grammes laine, 125 grammes alun et 64 grammes de tartre blanc, puis 32 grammes oxyde muriate d'étain; le bouillon est de deux heures; levez; puis sur un second bain neuf, vous mettez du carmin d'indigo 96 grammes, plus 2 litres de bois d'Inde bouilli, vous faites bouillir le tout une demi-heure, puis, levez; lavez et séchez.

Gros bleu sur laine.

Les gros bleus se font comme les bleus de marine, sauf que l'on augmente les proportions de colorants; le mordant est le même.

Bleu de France sur laine.

Le bleu de France est une couleur magnifique; on peut le faire depuis le bleu le plus clair jusqu'au plus foncé.

Moyen : pour 500 grammes de laine, mettez 96 grammes cyanure rouge bien fondue dans votre bain; ajoutez 32 grammes acide sulfurique, remuez et rentrez vos laines; votre bain doit être froid; vous montez la chaleur progressivement jusqu'à 60 degrés environ, vous levez et mettez 15 grammes de sel d'étain, 25 grammes alun, 30 grammes crème de tartre et 25 grammes oxyde muriate d'étain, puis vous montez la chaleur jusqu'au bouillon avant de bouillir, vous levez, et ajoutez 32 grammes acide sulfurique; rentrez vos laines, puis, vous bouillez un quart d'heure, vous levez et, sur le même bain, vous l'avivez en y mettant du bois d'Inde bouilli selon le bleu que vous désirez; vous pouvez le monter au bleu d'enfer; il faut mettre le bois d'Inde avec précaution, car il monte vite; on commence par en mettre un verre et continuer d'en mettre au fur et à mesure, si on veut le foncer, puis lever, laver à fond et sécher.

Nota. Je recommande aux personnes qui feront usage de mes moyens d'avoir une grande propreté dans le travail, et de ne pas oublier de remuer continuellement les tissus, afin de les unir convenablement, car si on ne les remue pas et qu'on les laisse en bloc, ils se tachent et s'abiment. Toutes les laines cachemire ou poil de chèvre, soit en robes, châles ou vêtements d'hommes doivent être dégraissées ou nettoyées à fond avant l'application de teinture, et bien lavées, afin d'en dégager les substances ammoniacales, tels que le savon, la potasse, le carbonate, etc.

Moyen du nettoyage pour disposer les lainages, cachemire ou poil de chèvre, à la teinture.

Soit robes, châles ou vêtements d'hommes, vous marquez les taches, une à une avec du savon sec, puis, dans de l'eau tiède, vous mettez un peu de carbonate de soude et vous frottez tache par tache; lorsque vous avez fini, vous faites un bain de savon bien gras dans lequel vous nettoyez vos articles, excepté les pantalons, paletots de drap, etc., que vous brossez avec une eau forcée en carbonate, puis, vous lavez à fond, afin de dégager le tissu du savon et du carbonate, après quoi, vous teignez.

Le cachemire et le poil de chèvre.

Se teignent comme la laine; en suivant textuellement le moyen démontré, vous aurez pleine réussite.

Le crin, matière animale.

Se teint de la même manière que la laine, sauf qu'il faut forcer un peu plus en mordant et en colorant.

Couleurs claires.

Pour toutes les couleurs claires il faut du blanc ou des couleurs tendres que l'on tombe en les faisant bouillir, une fois nettoyées, dans un bain d'eau de son de froment; les grosses couleurs peuvent se remettre dans les mêmes nuances ou plus foncées; toutes les couleurs peuvent sans exception se faire en noir. Le noir peut se remettre en couleur en le touchant d'acide nitrique, pour les verts, et d'acide sulfurique pour les marrons et autres; d'un noir on peut faire un noisette par ce moyen.

Teinture du coton.

Le coton, matière végétale, se traite différemment que la soie et la laine. Pour teindre le coton, il faut le cuire à l'eau une heure, puis le tordre à sec et le disposer à la teinture; s'il est en écheveaux, on le met sur des bâtons et l'on tourne son écheveau d'un bout à l'autre alternativement, afin qu'il n'y ait pas un bout qui trempe plus l'un que l'autre dans le bain. Si le coton est en tissu ou en vêtement, on a soin de le lessiver dans un bain de carbonate tiède, avant de le teindre afin de le dégraisser, puis on le lave pour le dégager du carbonate qui noircit à la teinture.

Blanc en coton.

Le coton est écru, il faut le cuire une heure, puis le passer sur un bain de chlorure de chaux une heure, le laver et le tordre à la main, le passer un quart d'heure sur un bain d'acide sulfurique. Le bain de chlorure de chaux doit avoir 250 grammes de chlorure de chaux par kilog. de coton, le bain d'acide doit être piquant à la langue; ces bains doivent être à 25 degrés de chaleur; on passe alternativement d'un bain à l'autre son coton, jusqu'à ce que l'on voie qu'il soit d'un parfait blanc, puis on le lave à fond afin d'écarter l'acide qui pourrait lui nuire à la sèche. Cependant on peut lui donner un bain de savon blanc pour neutraliser l'acide, le laver et le mettre sécher. Si votre coton est pour rester en blanc, on peut, sur une eau propre, avant la sèche, l'azurer d'un peu de bleu.

Rose sur coton.

Lorsque vos cotons sont prêts et disposés à la teinture, vous faites un bain d'eau tiède et bien propre, dans lequel vous mettez pour 500 grammes de coton, 25 grammes acide tartrique et de 25 à 30 grammes carmin de safranum. Lorsque votre rose est monté, sur le même bain, vous mettez quelques gouttes d'acide acétique; vous tordez et séchez sans laver.

Bleu clair sur coton.

Faites un bain comme il suit : pour 500 grammes de coton, dans de l'eau voulue pour cette quantité, vous mettez 64 grammes de sel d'étain, 125 grammes acide sulfurique, puis 125 grammes rouille ; vous passez vos cotons sur ce bain pendant une demi-heure, vous levez, puis éventez et lavez à fond, afin d'écarter le mordant, puis vous composez un second bain d'eau tiède dans lequel vous mettez 96 grammes de prussiate de potasse, plus 125 grammes acide sulfurique; vous remuez et pressez vos cotons dessus une demi-heure, puis les lever, les tordre et les rabattre, sans les laver, sur le premier bain vous les laissez autant de temps que la première fois, vous les levez, les éventez et les lavez, puis les repassez sur le deuxième bain; ainsi de suite jusqu'à ce que votre bleu soit fini. Vous devez terminer sur le deuxième bain. Lavez et séchez.

Bleu de France en coton.

Vous faites ce bleu comme le bleu clair, vous passez vos cotons quatre fois sur chacun des deux bains, et, pour terminer, vous mettez dans le bain de prussiate 2 litres de bois d'Inde cuit; en en mettant davantage vous pouvez arriver au bleu le plus foncé.

Vert en coton.

Lorsque vous avez donné un fond de bleu à votre coton, vous

le passez sur un fort bain de gaude, dans lequel vous mettez une petite pincée de sulfate de cuivre.

Vert petit teint et bronze, en coton.

Vous faites un bain de gaude pure et très-fort, dans lequel vous mettez, pour 500 grammes de coton, 25 grammes sulfate de cuivre et 4 litres de bois d'Inde cuit; vous remuez le tout et passez vos cotons dessus. Si vos cotons ne sont pas assez foncés, vous leur faites un second bain, puis lavez et séchez.

Je proportionne pour 500 grammes de coton, car que ce soit en écheveaux, en tissus ou vêtements, on peut parfaitement se rendre compte quand je dis de faire un bain pour 500 grammes, c'est-à-dire que le bain soit assez grand pour que ce volume baigne convenablement dans le bain; si vous doublez vos proportions, doublez votre bain et vos drogues.

Marron en coton.

Faites fondre, pour 500 grammes coton, 96 grammes de cachou avec 25 grammes de sulfate de cuivre, passez vos cotons sur ce bain une demi-heure, puis levez-les sur un second bain d'eau tiède, dans lequel vous avez fait fondre 64 grammes de chromate rouge; vous passez vos cotons un quart d'heure sur ce bain, puis vous les levez, les lavez à fond, et les repassez sur le premier bain; vous passez trois fois de l'un à l'autre bain, toujours par ordre comme ci-dessus, puis, la dernière fois, vous les lavez, et sur un bain d'eau tiède vous leur donnez un litre de bois d'Inde bouilli et 2 litres de bois de Brésil, dans lequel bain vous avez ajouté 25 grammes d'alun pulvérisé, puis vous lavez et mettez sécher.

Cachou en coton.

Pour faire cette nuance, vous la traitez comme le marron; vous donnez une passe de plus sur vos deux bains, et vous supprimez les bois d'Inde et Brésil.

Amaryllis en coton.

L'amaryllis se fait en cachou et se finit sur un bain pur de Brésil avec un peu d'alun comme ci-dessus.

Biron en coton.

Vous les montez comme les cachoux, puis vous les terminez au bois d'Inde seulement et à chaud, avec un peu d'alun; lavez et séchez.

Grenat en coton.

Vous donnez un fond cachou, puis vous alunez vos cotons dans un bain d'alun piquant à la langue, puis vous y mettez 32 grammes de sel de Saturne; vous les laissez tremper deux heures, vous les levez, et, sans les laver, vous les passez sur un bain pur de bois de Brésil cuit. Si vous les voulez foncés, faites un second bain de Brésil; si vous les voulez violettés, mettez-y un peu de bois d'Inde.

Gris de lin en coton.

Faites un bain d'eau tiède, dans lequel vous mettez, pour 500 grammes de coton, 125 grammes de sumac bouilli et passé au tamis; passez vos cotons sur ce bain un quart d'heure, levez et passez-les sur un second bain dans lequel vous avez fait fondre 25 grammes de couperose verte; éventez, lavez et séchez à l'air.

Gris de fer en coton.

Pour cette nuance, vous procédez comme pour les autres gris, sauf que vous mettez un peu de bois d'Inde et de bois jaune dans votre bain de sumac.

Gris-plomb en coton.

De même que le gris-fer, mais beaucoup moins de bois d'Inde. En un mot, toutes les catégories de gris se varient à l'infini par ces moyens, sauf les gris d'argent et les gris perles que je vais démontrer.

Dans toute la teinture, il existe des moyens plus compliqués, lesquels sont loin d'égaler ceux-ci. La première personne qui sait lire, en suivant textuellement les indications démontrées par cette brochure, réussira toujours sans se tromper.

L'intelligence et le goût sont pour beaucoup pour la variation des nuances, car, dans maintes nuances, on ne peut donner les proportions de colorants : alors c'est à la personne qui veut teindre de se mettre en mesure de ne mettre les colorants que progressivement, afin de ne pas se trouver surpris ; il est plus facile d'en remettre que d'en retirer.

Gris perle en coton.

Cette nuance se fait comme il suit : alunez votre coton sur un bain très-fort en alun, dans lequel vous avez mis 32 grammes de sel de Saturne, et, sur un bain frais, vous mettez un verre de bois d'Inde et un peu de carmin d'indigo, puis, séchez sans laver.

Lilas en coton.

Faites cette nuance comme le gris perle, excepté le bleu.

Violet en coton.

Emmordantez votre coton comme ci-dessus, alun et sel de Saturne, puis passez-le sur un fort bain de bois d'Inde, avec un peu de carmin de bleu ; vous obtiendrez votre violet.

Rouge en coton.

Même mordant que pour le violet, et les finir sur un bon bain de Brésil, puis les aviver sur un léger bain de phusique rouge.

Second moyen de faire des rouges vifs.

Donnez un fond léger de roucou, puis lavez et mettez sécher ; vous préparez le mordant suivant, et lorsqu'il est prêt, vous passez vos cotons dessus ; vous les mouillez à fond sur ce mordant, puis vous passez vos cotons sur un bain tiède de bois de Brésil, dans lequel vous avez fait dissoudre une petite pierre d'alun ; étant fini, sans les laver, vous les tordez et mettez à la sèche.

Moyen de composer le mordant des rouges en coton.

Pour 500 grammes d'acide nitrique, un kilogramme d'acide muriatique, 96 grammes d'étain effilé ; vous faites votre dissolution dans un pot de grès ou un vase en verre, vous mettez votre étain en boulettes comme des noix, puis vous en mettez une à la fois ; lorsqu'elle est fondue, vous en mettez une autre ; ainsi de suite jusqu'à la fin. De cette manière, vous ne précipitez pas votre opération, et votre mordant devient couleur d'or.

Toutes les compositions ou dissolutions doivent se faire à vase ouvert et en plein air, pour éviter les exhalaisons putrides des acides.

Jaune en coton.

Vous montez vos jaunes en coton par le chromate de potasse; pour 500 grammes de coton 64 grammes de chromate, vous les passez sur une eau du clair de chaux.

Orange en coton.

Vous les montez comme les jaunes, et vous faites un bain de clair de chaux très-chaud, et la chaleur, les fait monter.

Noir en coton.

Il se fait de différentes manières, mais le moyen le plus court et le plus beau est celui-ci :

Faites un fort bain de bois d'Inde bouilli, passez vos cotons dessus une demi-heure; levez et tordez, puis, sur un bain, à part, couperosé, passé dix minutes, levez, éventez, puis lavez à fond, sur une eau mettez-y un peu d'urine et passez-les dessus, puis rentrez-les sur votre premier bain de bois d'Inde ; procédez d'un bain à l'autre trois fois, puis, en dernier, vous lavez à fond sur le bain de couperose qui les termine, et, sur un bain tiède, vous leur donnez un fort bain de jus de kercitron, puis vous les mettez sécher sur ce dernier.

Pour donner du brillant au coton, on le tamponne avec un peu d'huile d'olive.

Teinture du fil.

Le fil, matière végétale, se teint absolument comme le coton. Voir les moyens en coton et selon les nuances que vous désirez obtenir sur le produit.

Soie végétale.

Ce produit se teint comme le coton, seulement il faut forcer en colorant.

L'aloès.

Le déteindre à chaud comme la laine, le crin, etc.

Teinture de l'ivoire.

L'ivoire, matière animale et corps dur, se teint assez difficilement si l'on n'observe pas qu'il faut, avant l'application de la teinture, le passer sur un bain tiède de savon, afin de détruire les corps gras qu'il contient superficiellement.

Rouge pour billes de billards.

Lorsque votre ivoire est propre, vous le teignez dans un bain d'eau tiède, dans lequel vous faites dissoudre pour une bille dix grammes d'acide tartrique, puis vous y ajoutez du carmin de safranum, selon la nuance que vous désirez; pour un rouge clair, il en faut moins que pour le foncé; pour le rouge ordinaire, il en faut six gouttes.

Lorsque votre ivoire est teint, vous le plongez dans l'eau froide, afin de resserrer les pores de l'ivoire; une fois froid, vous l'essuyez, et, avec un bout de laine huilée, vous lui remettez son brillant.

Groseille sur ivoire.

Dans un bain d'eau tiède, mettez un petit verre à cognac d'acide nitrique, passez votre bille dix minutes dans ce bain, puis, dans un autre vase où vous avez fait dissoudre un second bain d'eau tiède gros comme un œuf d'orseille, vous roulez votre bille dedans : elle vient d'un rouge cramoisi magnifique; la faire refroidir dans l'eau froide, la sécher, puis frotter avec de la laine un peu huilée pour faire briller.

Bleu sur ivoire.

Laissez tremper votre ivoire une heure dans un bain tiède dans lequel vous avez mis un petit verre d'acide sulfurique, puis, sur un second bain d'eau tiède, mettez du carmin d'indigo, selon le bleu que vous désirez.

Rose sur ivoire.

Le rose se traite comme le rouge de billes de billards, sauf qu'il faut moins de carmin de safranum.

Jaune sur ivoire.

Faites dans de l'eau chaude un fort bain d'acide picrique, dans lequel vous ajoutez quelques gouttes d'acide sulfurique, puis finir comme des autres couleurs.

Vert sur ivoire.

Teignez en bleu d'abord, puis teignez en jaune par-dessus le bleu, vous obtiendrez un vert fort joli.

L'os, se traite comme l'ivoire.

Soit os fondu ou façonné, vous obtenez les nuances que vous désirez par les moyens employés pour l'ivoire, fiches, jetons ou autres articles.

Les noirs sur ivoire et sur os se font à chaud, et se teignent comme les cotons.

Teinture de la plume.

La plume, matière animale, employée à la toilette et à l'industrie, se teint à chaud et se prépare comme il suit :

Avant de teindre la plume, il faut lui détruire sa matière animale ; on obtient cette neutralisation par le savon ; il suffit de faire un bain de savon blanc et bien gras, puis laisser tremper les plumes une demi-heure, tenir la chaleur à 80 degrés sans bouillir, puis on les lave à fond pour écarter le savon.

Blanc sur plumes.

Le blanc sur plumes se traite comme le blanc sur soie. Voir le blanchiment des soieries.

Rose sur plumes.

Le rose sur plumes se fait comme il suit : pour 500 grammes de plumes, 64 grammes de crème de tartre, 125 grammes d'alun épuré, 96 grammes de cochenille ammoniacale, puis laver et sécher.

Bleu ciel sur plumes.

La plume se teint chaude, presque bouillante ; pour 500 grammes, 64 grammes de crème de tartre, 32 grammes de carmin d'indigo ; lavez et séchez.

Bleu de France sur plumes.

Ce bleu sur plumes se traite comme les bleus de France sur laine ; les proportions sont les mêmes.

Mauve sur plumes.

Le mauve sur plumes se traite par la nélinne chaude et une goutte d'acide sulfurique, enfin comme les mauves en soie.

Groseille des Alpes sur plumes.

Cette nuance se traite par la fluxine ou par le pourpre anglais.

Jaune sur plumes.

Vous faites de fort jolis jaunes par l'acide picrique à chaud.

Orange sur plumes.

L'orange sur plumes se fait par l'acide nitrique et le carbonate de soude, enfin comme l'orange sur soie.

Grenat sur plumes.

Le grenat sur plumes se fait par l'ébulition et se traite comme le grenat sur laine.

Marron sur plumes.

Bouillon d'alun, tartre, colorant curcumat, orseille et composition d'indigo ; cette nuance se traite comme les laines ; les mordants sont les mêmes et les proportions de même que pour la laine.

Vert sur plumes.

Cette nuance s'opère comme les verts en laine. Si le jaune doit dominer dans votre nuance, vous employez le curcuma ; pour les verts clairs, employez l'acide picrique et le carmin d'indigo ; pour les verts foncés, le bois jaune ou le curcuma et la composition d'indigo ; lavez et séchez.

Plumes-ponceau, à la cochenille.

Cette nuance se traite comme les ponceaux en laine. Si l'on veut une capucine, on mettra du terra à proportion de sa nuance; il faut pour les plumes, comme pour tous les tissus, ne pas oublier de les remuer en les teignant, afin d'unir les nuances.

Ponceaux fins sur plumes.

Cette belle nuance se fait par le carmin de safranum; on donne un petit fond chamois par le roucou, puis on met dans son bain l'acide tartrique et le carmin comme pour les ponceaux en soie; la chaleur est la même.

Toutes les autres couleurs désirables, telles que gris, noir, olive, mousse, acanthe, amaranthe, groseilles ordinaires et autres, se traitent comme la laine; les proportions de mordant et de colorant sont les mêmes.

Apprêt des plumes d'autruches.

Lorsque vos plumes sont blanchies ou teintes, et qu'elles sont disposées à la sèche, vous avez du papier de soie sur lequel vous frappez vivement votre plume, afin que l'air fasse épanouir le duvet. Si elles se trouvaient trop collées, vous les passeriez à la vapeur de l'eau bouillante alternativement, en les frappant sur votre papier. C'est ce que l'on appelle friser ou gauffrer la plume.

Mélange des tissus.

Il y a quantité de tissus qui sont formés de matières différentes, tels que laine et coton, laine, soie et coton, soie, fil et coton, etc., etc. Ces matières se teignent comme les autres, c'est-à-dire, 1° vous teignez la laine comme il est dit, et le coton après, comme les cotons et la soie, comme la soie, etc., etc.

Teinture de la paille.

La paille, matière végétale, est employée dans l'industrie et les arts. Pour teindre la paille en couleur claire, il faut la soufrer, et non pour les couleurs foncées.

Paille blanche.

La paille blanche se fait par ce moyen :

Mettez tremper votre paille dans un bain tiède de carbonate de soude ; lorsque vos pailles ont trempé une heure dans ce bain, levez-les et laissez-les égoutter, puis mettez-les au soufroir ; le lendemain vous les retirez et les faites sécher, puis vous les re-mouillez sur un bain d'eau tiède, dans lequel vous avéz mis de l'acide oxalique, selon votre quantité de paille ; les proportions sont de 125 grammes par kilogramme de paille. Vous laissez votre paille dans ce bain une demi-heure, puis levez, égouttez et remettez au soufre ; vous renouvelez cette opération jusqu'à trois soufres, et votre paille est venue au point de blanc qu'on peut lui donner sans l'altérer.

Rose sur paille.

Faites chauffer à 25 degrés, au bain marie, de la phusique rouge, puis trempez vos pailles dans ce bain ; vous les retirerez vivement, car elles deviendraient trop rouges, puis bien les laver et sécher.

Paille rouge.

Faites cette nuance sur la phusique comme le rose, sauf que vous laisserez tirer le colorant jusqu'à ce que vos pailles soient au point voulu.

Paille violette.

Vous prenez du bain de phusique violette, que vous chauffez à 25 degrés au bain marie, puis vous teignez sur ce bain vos pailles de la manière que vous voulez ; ensuite lavez et séchez.

Mauves sur paille.

Vous faites cette nuance sur un bain chaud, avec de l'eau et un peu de bain de phusique ; lavez et séchez.

Paille, bleu de ciel.

Faites un bain d'eau tiède, dans lequel vous mettez du carmin d'indigo et quelques gouttes d'acide sulfurique ; on met du carmin selon son échantillon.

Paille bleu de France.

Le bleu de France sur paille se traite comme le bleu de France sur laine; lavez et séchez.

Paille noire.

Mettez tremper votre paille une nuit dans un bain de bois d'Inde, puis passez-la ensuite une heure sur un bain de couperose verte; levez et aérez, puis lavez et séchez. Pour rendre le brillant à la paille, il suffit de passer légèrement une brosse empreinte d'huile d'olive.

Paille marron.

Cette couleur, très-recherchée dans la chapellerie, se traite ainsi : faites bouillir vos pailles dans un bain composé; ainsi, pour 500 grammes de paille, 250 grammes de bois jaune, 125 grammes de sumac et 125 grammes de bois de sandal; faites bouillir sur ce bain vos pailles à petit bouillon, pendant une heure; levez-les, puis ajoutez 125 grammes de couperose verte, arrêtez le bouillon; laissez-les une heure dans ce bain sans qu'elles veillent, puis levez-les, laissez-les à l'air jusqu'à ce qu'elles soient froides, puis rentrez-les dans le bain ; vous doublez cette dernière opération; lavez et séchez à l'ombre. La paille grenat se teint comme la laine.

Paille verte.

La paille verte se teint comme la laine, un peu moins de jaune et plus de bleu. La composition d'indigo est préférable au carmin.

Toutes les autres couleurs sur paille se traitent comme la laine.

Teinture du bois.

Le bois pour meubles ou autres industries se teint comme il suit :

Couleur acajou.

Faites bouillir de l'orseille avec même proportion de roucou, puis passez votre bois en couleur avec une brosse ou un tampon; puis vernissez dessus.

Couleur noyer.

Faites dissoudre de la terre de Sienne dans un bain de potasse d'Amérique, et appliquez la couleur à la brosse ou au tampon ; ensuite vernissez.

Couleur palissandre.

Pour cette couleur on emploie le bois de sandal et le noir de lampe ; ces deux substances s'emploient sur le tampon en vernissant.

Couleur ébène.

Du noir de lampe sur tampon, vous obtenez cette couleur en vernissant.

Si vous voulez teindre du bois en noir, teignez-le comme le noir en coton.

Bois couleur citron.

Cette nuance s'obtient par le curcuma dissout dans de l'esprit de vin ; l'étendre sur le bois, puis vernir.

Couleur bois de rose.

Cette couleur s'obtient par la cochenille ammoniacale dissoute à l'eau ; puis l'étendre et vernir.

Couleur mauve sur bois.

Dans un bain d'eau et d'anneline, vous obtenez cette nuance.

Bois rouge.

Se fait par la phusique rouge et tiède.

Couleur violette.

Bain de phusique violette ; trempez le bois dedans.

Moyen de préparer soi-même la phusique rouge et violette :

Phusique rouge.

Prenez : acide nitrique 500 grammes, acide muriatique un kilogramme, étain effilé 96 grammes ; vous faites dissoudre votre étain progressivement, vous laissez refroidir votre dissolution, et, lorsqu'elle est froide, vous la versez progressivement dans 20 litres de jus froid de bois de Brésil ; vous la tournez avec un bâton, deux heures, pour lier le mélange ; vous laissez déposer et vous vous servez de votre phusique à ce qu'elle est applicable ; comme sur la soie on obtient de fort belles nuances, ainsi que sur la peau, le bois et autres.

Phusique violette.

Mêmes dissolutions et mêmes préparations que pour la phusique rouge ; seulement remplacez le bois de Brésil par le bois d'Inde, et le produit des violets est de toute beauté sur soies, cotons, peaux, bois, etc.

Teinture des gants en peau.

Les gants se nettoient avant la teinture ; à cet effet, il faut employer quelques gouttes d'ammoniaque liquide dans de l'eau froide, puis, avec un tampon, les frotter sur toute la superficie.

Noir sur peaux.

Lorsque vos gants sont nettoyés, comme il est dit ci-dessus, vous passez avec une brosse du bois d'Inde cuit et très-fort, puis vous passez également dessus, à la brosse, une eau légère de couperose verte, puis vous les laissez à l'air un quart d'heure ; on les lève, et, lorsqu'ils sont à moitié secs, on les étire sur tous les sens, on les savonne avec une baguette à gants, puis on les tamponne à l'huile de lin ; pour les glacer, on passe dessus du talc de Venise ; vos gants sont comme neufs.

Violet sur peaux.

Vous appliquez cette nuance à la brosse, vous employez la phusique violette pour glacer le talc.

Rouge sur peaux.

Employez la phusique rouge et glacez au talc.

Nettoyage des gants de peau.

Les gants en peau se nettoient de trois manières : 1° par l'essence, 2° par la benzine ; 3° par le savon blanc de Marseille et l'esprit de vin combiné ensemble formant une pâte liquide.

Nettoyage par l'essence de térébenthine.

Dans l'essence pure, vous lavez vos gants en plein dedans, puis vous les séchez dans plusieurs linges ; vous les gonflez en soufflant dedans, puis vous les séchez à l'air. Lorsqu'ils sont aux trois quarts secs, vous les ouvrez de tous sens avec une baguette ; ils deviennent souples, beaux, et les glacez au talc.

Par la benzine.

Vous nettoyez vos gants par la benzine, à grands bains ; si vous n'en avez qu'une paire, vous les nettoyez avec un tampon de flanelle par la friction ; séchez et terminez comme ci-dessus.

Nettoyage par le savon blanc et l'alcool.

Faites dissoudre votre savon à l'eau, de manière que la pâte devienne comme des blancs d'œufs, puis mettez-y un peu d'alcool pour le rendre un peu plus liquide ; vous nettoyez vos gants au tampon, et les terminez en les essuyant avec un linge propre ; séchez et glacez.

Ornements d'églises.

Les ornements d'église sont ordinairement brochés, satinés, moirés, jaspés ou brodés d'or ou d'argent ; il faut des soins particuliers pour le nettoyage et détachage de ces précieux objets ; à cet effet, je vais traiter ces matières de manière à ce que l'on puisse soi-même les détacher et les nettoyer sans changer les couleurs ni altérer les broderies.

Manière de détacher ces dits ornements :

Taches de cire : vous les enlevez par une friction d'alcool ; s'il reste du corps gras, vous l'enlevez avec de l'essence de térébenthine ; vous vous servirez d'un tampon de flanelle pour opérer les frictions ; lorsque vous aurez frotté deux minutes, vous recouvrirez votre partie humide d'une poignée de plâtre sec en poudre. Vous laissez sécher et puis vous brossez ; il reste des blancheurs de plâtre, vous les enlevez, en passant de la mie de pain dessus ; votre soie est pure, vos couleurs et vos produits sont respectés.

Détachage de la peinture sur les ornements d'église et sur toutes les soies.

La peinture, matière composée d'huile et de céruse, tient fortement sur le tissu ; on l'enlève par l'alcool assez promptement ; on l'enlève également par la benzine, par l'esprit minéral ou le zucani.

Taches d'huile sur soie.

Cette tache ineffaçable, selon le vieux proverbe, disparaît de suite, pour ne plus revenir, par le moyen suivant : si la tache est vieille, remettez dessus de l'huile fraîche, laissez passer la nuit ; le lendemain enlevez le tout à l'essence de térébenthine, avec un tampon de flanelle pour frictionner. Il faut avoir soin, pour détacher, de dédoubler l'objet et de mettre un linge dessous pour recevoir la tache, puis, lorsque vous avez suffisamment chassé l'huile par l'essence, vous recouvrez les parties mouillées de plâtre sec ; laissez sécher, brossez et passez de la mie de pain, comme il est dit ci-dessus. Vous aurez un heureux résultat.

Taches de graisse sur soie.

Vous enlevez les taches de graisse par l'essence et le plâtre ou la benzine, le zucani ou l'esprit minéral et le plâtre.

Observation : j'emploie le plâtre pour absorber l'essence ; il n'est nuisible en rien au tissu ni aux couleurs, et il évite les ternes que vous avez toujours lorsque vous détachez vous-mêmes.

Taches de fruits sur soie.

Vous enlevez ces taches avec de l'eau, puis vous mettez du plâtre dessus ; s'il reste un corps épais et gras, enlevez-le ensuite à l'essence et séchez au plâtre.

Tache de sucre et café.

Cette tache se traite, 1° à l'eau et au plâtre, 2° à l'essence ou à la benzine, s'il reste encore gras, puis séchez au plâtre.

Taches mangées sur toutes couleurs.

Moyen de les remonter : les couleurs mangées par les alcalis se montent par les acides additionnés d'eau.

Les couleurs mangées par les acides se remontent par les alcalis additionnées d'eau. On tamponne la partie affectée, puis on laisse sécher. Les taches de sang s'enlèvent comme les taches de sucre.

Nettoyage en plein des ornements d'église et de soieries.

Vous faites un bain d'essence dans un baquet ou une terrine, selon votre quantité de tissus ; vous foulez vos tissus dans ce bain comme un savonnage, puis vous les retirez, les laissez égoutter et les séchez par le plâtre ; brossez et passez à la mie de pain.

Nettoyage mouillé sur soie.

Faites un bain de savon blanc fondu, bien gras et froid. Nettoyez vos soies sur ce bain, passez-les sur un second bain de savon, lavez-les à l'eau froide, et, dans une eau de puits, mettez un verre d'acide acétique : vos couleurs se conservent et se ravivent ; puis gommez-les toujours à froid, essorez-les dans un linge et repassez-les avec des fers pas trop chauds.

Nettoyage des chapeaux d'hommes.

Vous dégraissez vos chapeaux avec la benzine ; une fois secs, passez dessus avec une éponge un peu d'esprit de vin, puis, avec un fer tiède, donnez un petit coup dessus. Vous mettrez entre le chapeau et le fer un papier de soie ou brouillard, afin que le fer ne donne pas un faux brillant, puis brossez ; votre chapeau revient dans son état primitif. Chaque fois qu'ils sont gras, vous renouvelez l'opération, et ils sont toujours propres.

Détachage des soieries.

Toutes les soieries se détachent comme ci-devant par l'essence et le plâtre ou par la benzine, le zucani ou l'esprit minéral. Mais, j'ose dire, avec vérité, que le plus sûr et le moins coûteux sont l'essence et le plâtre ; il ne faut pas plus de temps à se servir de ce moyen sûr que de frotter deux heures avec les autres qui sont incertains sur nombreuses quantités de taches ; les taches n'étant pas toutes de même nature, il faut différents moyens pour les enlever. C'est à cet effet que j'en ai fait une explication spéciale à l'article des ornements d'église; en suivant de point en point vous aurez plein succès sur toutes les taches et sur toutes les étoffes.

Détachage à sec du drap.

La benzine a un succès admirable sur le drap, attendu qu'elle enlève fort bien les corps gras et qu'elle s'évapore de suite. Ne laissant aucune trace d'odeur, elle s'emploie sur le drap par la friction et sans plâtre.

Dégraissage des tapis de billards.

Il est inutile de démonter son billard pour dégraisser le tapis; il suffit d'employer la benzine et la flanelle. Bien le brosser avant l'opération.

Détachage des tapis de salon.

Le détachage s'opère après avoir battu et brossé à fond par la benzine, le zucani ou l'esprit minéral.

Nettoyage en plein du drap.

Le drap, pour le conserver, il faut le nettoyer; les corps gras mangent le poil et ne laissent absolument que la corde; pour éviter cet inconvénient et lui procurer une longue durée, vous le dégraisserez et le nettoierez comme il suit : battez votre vêtement, brossez-le, puis marquez vos taches avec du savon sec, puis dégagez-les à l'eau tiède, dans laquelle vous avez ajouté gros comme une noix de carbonate de soude; puis faites un bain pur de bois de Panama bouilli, dans lequel vous mettez un peu de carbonate de soude, et brossez sur une table votre vêtement avec ce bain; une fois fini de brosser, lavez-le à fond, rabattez le sur un bain d'eau de puits, dans lequel vous avez mis un peu d'acide acétique. Vous faites votre bain selon ce que vous avez à nettoyer, soit soutane, redingote, paletot, pantalon ou gilet; laissez une demi-heure dans l'eau de puits, levez-les, laissez-les égoutter, puis, avec une brosse propre, rabattez le poil bien uniment, et faites sécher; puis donnez un coup de fer avec un linge frais et humecté d'eau.

Blanchiment des couvertures, gilets, caleçons et bas de coton, etc.

Faites un bain d'eau tiède dans lequel vous mettez du carbonate de soude selon la quantité de tissus. Ainsi, pour une couverture mettez-en 250 grammes dans le bain, puis foulez vos articles sur ce bain ; passez-les ensuite sur un bain chaud de savon blanc supportable à la main ; enlevez sur un troisième bain d'eau tiède, mettez gros comme un œuf de carbonate de soude et deux litres d'eau de javelle, passez vos articles sur ce bain un quart d'heure ; lavez-les à l'eau propre, ensuite mettez-les dans une eau de puits avec un peu d'acide acétique et une légère teinte de bleu ou carmin d'indigo ; tordez et mettez sécher, vous aurez des blancs de toute beauté et sains au corps.

Nettoyage des mérinos noirs et autres.

Marquez les taches sur ce tissu avec du savon sec, puis dégorgez les taches une à une, puis foulez vos tissus sur un bain composé de jus de bois de Panama, que vous faites bouillir en mettant un peu de carbonate de soude dans ce bain, puis foulez-les sur un second bain pour épurer vos lainages, puis lavez à fond et mettez tremper vos tissus dans de l'eau de puits ; ensuite séchez et repassez à l'envers. On arrose ce tissu avant le repassage.

Nettoyage des tissus de couleur ou imprimés.

Marquez vos taches une à une avec du savon sec ; dégorgez-les à l'eau froide, puis vous les foulez sur un bain bien gras de savon de Marseille ; vous les passez sur un second bain, vous les lavez à fond et vous les mettez un quart d'heure dans un bain d'eau de puits, dans lequel vous mettez quelques gouttes d'acide acétique ; par ce moyen, les robes, châles, foulards et autres se traitent ainsi. Faites sécher et humectez les tissus avant de les repasser, et ce, après avoir donné le temps de s'humecter avant le repassage.

Blanchiment des linges de table.

Il arrive journellement que les services se trouvent de plusieurs blancs, ce qui choque l'œil ; pour obtenir un service entier de même blanc, procédez par le même moyen du blanchiment des couvertures et gilets de coton, puis apprêtez vos serviettes et nappes dans une eau gommée par la fécule de pommes de terre que vous faites cuire ou bouillir ; puis faites sécher et repassez à l'endroit, et elles seront glacées.

Blanchiment des blondes.

Faites bouillir vos blondes dans un fort bain de savon une demi-heure, levez-les, puis lavez-les sur un bain d'eau tiède ; mettez un peu d'acide sulfurique, afin que le bain soit piquant à la langue ; passez les dix minutes sur ce bain, lavez-les, puis mettez-les passer la nuit à la vapeur du soufre, et les terminez comme les blancs en soie, puis gommez-les et épinglez-les sur un drap tendu ou une couverture de lit.

Blanchiment des dentelles.

Les dentelles se blanchissent comme le coton et le linge de table, et se gomment à l'amidon.

Moyen d'éviter les mites et autres insectes dans les fourrures et le drap.

Il faut parsemer l'endroit qui les renferme de poudre de sumac Donzère. J'ai découvert ce moyen l'été dernier, et j'ai fait des expériences sur les tissus qui en étaient infectés ; j'ai parfaitement réussi. J'ai même fait l'épreuve sur des fourrures et des draps non infectés de ces insectes nuisibles ; les ayant saupoudrés de sumac, je les ai retrouvés intacts au bout de six mois.

Moyen de détruire la rouille sur le linge.

Dans 500 grammes d'acide muriatique, faites fondre 15 grammes de sel d'étain ; étant bien dissous, appliquez de cette dissolution sur votre tache de rouille ; elle disparaîtra subitement, puis lavez à l'eau chaude pour dégager l'acide.

Teinture ou nettoyage des velours.

Le velours de soie se teint comme la soie, le velours de coton comme le coton. Le dégraissage de ces velours se fait au carbonate de soude à l'eau tiède, car il ne supporte pas le savon. Le détachage et le nettoyage se fait comme pour les soies.

Apprêt des velours.

Pour le relever, vous le passez à la vapeur de l'eau bouillante et le brossez sur tous les sens. A cet effet, on met un linge en laine sur une marmite ou chaudière, et on laisse cinq minutes son velours s'humecter de vapeurs; puis le brosser.

Drogueries domestiques.

M. Bourrasset se charge d'expédier en province des boîtes fournies de drogues nécessaires à la teinture et au nettoyage des tissus. Avec cette droguerie domestique, on peut teindre ou nettoyer tous ces tissus, sans exception. Les flacons ou pots contenant les matières seront étiquetés, afin de reconnaître les drogues dont on a besoin.

Le prix de la droguerie domestique, pour les châteaux, maisons de campagne et les églises, est fixé comme il suit :

La boîte entière, assortie de tous les colorants, est de 25 fr.
La demi-boîte.................................... 15

Écrire franco et envoyer le montant par un mandat sur la poste.

Expédition prompte et franche de port.

Recommandation.

NOTA. Tout possesseur de ma brochure aura soin de ne pas se servir de vases en fer, ce corps est nuisible aux opérations.

TABLE DES MATIÈRES

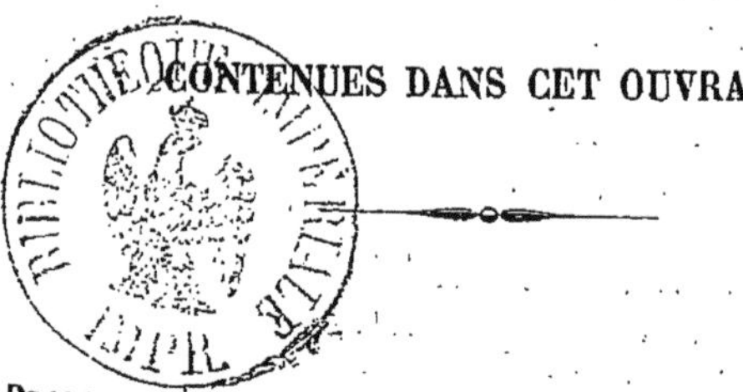

CONTENUES DANS CET OUVRAGE.

Lainages.

Ivoire.

Os.

Plumes.

Paille.

Bois.

Préparation des phusiques.

Gants en peaux.

Ornements d'églises.

Chapeaux d'hommes.

Paris. Imprimerie de Paul Dupont,
rue de Grenelle-St-Honoré, 45.